フランスのノエルでときめく クロスステッチ

250点のモチーフがかわいい 魅惑の世界

La Magie de Noël à broder au point de croix
by Véronique Enginger

Direction éditoriale : Tatiana Delesalle
Édition : Mélanie Jean
Direction artistique : Chloé Eve
Mise en page : Élise Bonhomme (Patrick Leleux PAO)
Photographies : Fabrice Besse
Stylisme : Sonia Roy
Conception, réalisation et explications des ouvrages: Sylvie Blondeau
Fabrication : Audrey Bord
Merci à Mélissa Lagrange pour son aide précieuse et efficace.

First published in France in 2016 by Éditions Mango
© Éditions Mango
15-27 rue Moussorgski
75895 Paris, cedex 18, France

This Japanese edition was published in Japan in 2017
by Graphic-sha Publishing Co., Ltd.
1-14-17 Kudankita, Chiyoda-ku, Tokyo 102-0073, Japan
Tel: +81 (0)3-3263-4318
Japanese text throughout the book and instruction page 112-119
© 2017 Graphic-sha Publishing Co., Ltd.

ISBN 978-4-7661-3026-3 C2077

Printed and bound in Japan

Japanese Edition Creative Staff
Translation & writing: Rica Shibata
Instruction pages & proofreading: Yumiko Yasuda
Layout: Shinichi Ishioka
Jacket design: Chiaki Kitaya, Kuma Imamura, CRK design
Editor: Kumiko Sakamoto

フランスのノエルでときめく クロスステッチ

250点のモチーフがかわいい 魅惑の世界

g グラフィック社

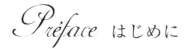

Préface はじめに

メリークリスマス！

　クリスマスの足音が聞こえると、誰もがほっこりとやさしい気持ちに包まれます。サンタさんを待ちわびて子どもたちはワクワク。私たちも、この一大イベントをどんな風に演出しようかと考えるだけでウキウキ。

　ごちそうにプレゼント、きらめくイルミネーションやお飾り、周りの人々への思いやり……それこそがクリスマスの魔法。赤×緑の聖なるカラーとおなじみのモチーフ、この時期ならではの情景を刺しゅうして、幸せを皆におすそ分け。すてきな刺しゅうでハッピーなクリスマスを！

ヴェロニク・アンジャンジェ

Sommaire もくじ

Les broderies
刺しゅう

La couronne de houx et sucreries
お菓子のクリスマスリース

クリスマスまでの4週間は「待降節」と呼ばれ、イエスの誕生を待ちわびる期間。クリスマスにむけて日に日にムードも高まっていきます。ツリーやリースを飾るのも正式にはこのとき。

LE SAVIEZ-VOUS ?
ご存知でしたか？

クリスマスリースの歴史

　古来より輪の形は太陽を象徴し、その再来を告げるものでした。また、永遠の命や再生への希望を表していました。ヨーロッパの北部では、厳しい冬を乗り越えられるようにと願いを込め、緑の草木でリースを作ったのです。この習わしがキリスト教の信仰と結びつき、リースはイエス再来を意味するものになりました。

　クリスマスリースの起源にはさまざまな説がありますが、一説には16世紀にドイツ北部で始まったといわれています。伝統的には松の枝を輪状にし、赤いリボンを結び、松ぼっくりを飾ります。リースに松やモミの木、柊などの常緑樹を使うのは、冬でも青々とした葉が生命を表すため。

　この風習が、フランスのアルザス地方に広がったのは1930年代のこと。リースはたいてい4本のローソクを立ててテーブルの上に飾るか、玄関の扉に飾られます。

Premières neiges
初雪

雪だるまをつくったり、そり滑りや雪合戦をして遊んだり……。
子どものころの雪ふる情景を、刺しゅうで描いてみましょう。
モントリオール出身の作家アンドレ・ロランドーが言ったように、
"子ども時代とは、クリスマスツリーと雪の結晶3つで世界が変わる
と信じること"なのかもしれません。

LE SAVIEZ-VOUS ?
ご存知でしたか？

雪の上のキャンディー

　カナダのフランス語圏ケベックに伝わる、冬ならではのおやつ
「メープルタフィ」。熱したメープルシロップを、純白のきれいな雪の
上に垂らして固まるのを待つだけ。天然の甘さを自然にゆだねた、素
朴なおいしさです。

Les vitrines de jouet
クリスマスのショーウインドー

クリスマスの時期にデパートのショーウインドーを飾る、まばゆい光のデコレーションやくるくる回る人形たち。長い冬の夜を彩るこの幻想的なディスプレイに、永遠の子どもたちの瞳はキラキラと輝きます。

LE SAVIEZ-VOUS ?
ご存知でしたか？

パリの冬の風物詩のきらめく歴史

　11月に入ると、パリのデパートのショーウインドーはこぞって美しく飾りつけされます。ウインドーのひとつひとつが物語を紡ぎ、まるで小さなテーマパークのよう。

　こうしたクリスマスのウインドーディスプレイがお目見えしたのは1909年のこと。老舗デパートの「ボン・マルシェ」がこの伝統の先駆けとなりました。自動人形作家たちの協力のもと、一面の雪景色の中にリアルな熊たち、エスキモー、エスキモーの雪小屋を配し、北極の物語をウインドーの中に再現したのです。この画期的なディスプレイは徐々に広まっていき、第二次大戦後にはフランス中でポピュラーになりました。

フランス語のプチレッスン
〜ステッチの参考に！〜

ジュエ・エ・エトレンヌ		
Jouets ET ETRENNES	おもちゃとお年玉	
トゥ・ル・モワ・ドゥ・デッソンブル		
TOUT LE MOIS DE DECEMBRE	12月の間中	

La lettre au Père Noël
サンタさんへの手紙

サンタさんにお願いするのは、七色に輝く刺しゅう糸？
それとも、刺しゅうが上手になる魔法の指ぬき？

LE SAVIEZ-VOUS ?
ご存知でしたか？

フランスから届くサンタクロースの手紙

　フランスでは、サンタクロースに手紙を出すと返事が来るってご存知ですか？

　この風習は、ノルマンディー地方の郵便局員マグドレーヌ・オルノが、サンタクロース宛に手紙を書いた村の子どもたちに、返事を書いたことから始まりました。オルノは12年間もサンタの手紙を代筆したのです。1962年、当時の郵政通信相ジャック・マレットは、子どもたちの夢を叶えようと、郵便局に「サンタクロースの秘書室」を設けました。最初のサンタからの手紙は、大臣の姉で精神分析医のフランソワーズ・ドルトがメッセージを、イラストをルネ・シャグナールが手掛けました。

　以来、フランスの郵便局は毎年、サンタクロース宛の手紙にせっせと返事を出しています。サンタクロース宛の手紙は増え続け、1962年には5000通だったのが、2014年には1200万通にも。現在はメールやフェイスブックでも手紙を送れ、また、フランス郵便局のHPからサンタクロース宛に手紙を書くと、日本にだって返事が届きます。

フランス語のプチレッスン	
～ステッチの参考に！～	
シェール・ペール・ノエル Cher Père Noël	サンタさんへ
ペール・ノエル Père Noël	サンタクロース
ペール・ノエル PÈRE NOEL	サンタクロース
ポスト POSTE	郵便
デュ・ペイ・デ・ネージュ DU PAYS DES NEIGES	雪の国から

Sac du père Noël
サンタクロースのプレゼント袋

プレゼントがたくさん入る、サンタさんとおそろいの袋を作って
みましょう。もちろん中身のプレゼントも手作りで！

作品の作り方 P.112

Saint Nicolas
サン・ニコラのお祭り

オーブンから立ち込める甘い香り。アルザス伝統の型抜きクッキーや、聖人の形をしたベルギーのクッキーで、もうひとつのクリスマスをお祝いしましょう。

LE SAVIEZ-VOUS ?
ご存知でしたか？

サンタクロースの先祖

　フランスの北東部やベルギーでは、12月6日に「サン＝ニコラ祭」を祝います。サン＝ニコラはサンタクロースのモデルになった実在の司祭。

　地域によって祝い方や逸話は異なりますが、アルザス地方に伝わる一説によると、肉屋に殺されそうになった3人の子どもをサン＝ニコラが助けたことから、子どもたちの守護聖人として親しまれています。

　12月6日の前夜、サン＝ニコラは家から家をまわり、子どもたちにプレゼントとパン・デピスなどのお菓子を配るといわれています。子どもたちは寝る前に、サン＝ニコラへの感謝のしるしに、「ブルデル」と呼ばれるクッキーと、グラス1杯の蒸留酒を置いて、サン＝ニコラをお迎えするのです。

　サン＝ニコラ祭当日の朝は、人形型のパン「マナラ」をショコラ・ショーと食べるのも、アルザスならではの風習。ベルギーではサン＝ニコラをかたどった、スパイス風味のクッキーを食べるのが習わしです。

L'achat du sapin de Noël
モミの木を探しに

常緑のモミの木は不死を象徴し、真冬に生命のきらめきをもたらすもの。
美しく飾りたてられ、モミの木はクリスマスツリーになるのです。

LE SAVIEZ-VOUS ?
ご存知でしたか？

クリスマスツリーの歴史

　クリスマスツリーの歴史は、中世にさかのぼります。この時代、教会の
広場にはりんごで飾られた木が置かれました。アダムとイヴの物語に登場
する、エデンの園の禁断の木を表したのです。また、その木には聖体の象
徴でもあるホスチア（種なしパン）も飾られました。

　モミの木のツリーの伝統が生まれたのは、12世紀のアルザス地方。同地
方の町セレスタに残る古文書によると、1521年には初めてクリスマスツ
リー用のモミの木が販売されたといいます。

　その後、モミの木のツリーの文化はドイツで発展しましたが、1837年に
ドイツの公女ヘレーネが、フランス王の世継ぎ王子と結婚したことにより、
モミの木を飾る習慣がフランスに再びもたらされました。ヘレーネはパリ
のチュイルリー宮殿でモミの木を育てたのだとか。やがて、1870年の普仏
戦争の後、クリスマスのモミの木はフランス全土に広がりました。

L'atelier du Père Noël
サンタクロースのアトリエ

クリスマスが近づくと、サンタクロースのアトリエでは、小さな妖精たちがおもちゃの仕上げに大忙し。働き者の妖精たちのように、ちくちくステッチを刺しましょう。

LE SAVIEZ-VOUS ?
ご存知でしたか？

マルシェ・ド・ノエル

　マルシェ・ド・ノエル（クリスマスマーケット）も、フランスのクリスマスの風物詩のひとつ。12月初旬になると、パリのシャンゼリゼ通りやサンジェルマン＝デ＝プレなど各地に、ロッジ風の売店が出現します。店先に並ぶのは、クリスマスのオーナメントやお菓子、工芸品や各地の特産品・食材……。この時期ならではの焼き栗をほお張ったり、スパイス入りホットワインを飲みながら、お店を冷やかしながらのそぞろ歩きも楽しいもの。

　世界最古のマルシェ・ド・ノエルの記録が残るのは、1294年のウィーン。12月6日のサン＝ニコラ祭のためのマーケットでした。サン＝ニコラはサンタクロースのモデルとなった聖人で、子どもたちの守護聖人といわれています。そのため、お菓子や木彫りのおもちゃなどが売られたのだとか。

　フランスでは1570年、ストラスブール大聖堂の前の広場で初めてマルシェ・ド・ノエルが開かれました。以来、450年近くも途絶えることなく、フランス最古のマルシェ・ド・ノエルとして、世界各国からの観光客を魅了し続けています。

フランス語のプチレッスン
〜ステッチの参考に！〜

NOEL	クリスマス

Mon beau sapin
美しいツリー

電飾やカラフルなオーナメントで飾られたモミの木は、クリスマスに欠かせないもの。デコレーションのテーマを変えるだけで、ツリーの雰囲気もがらりと変わります。てっぺんにはお星さまを忘れずに。東方の三博士を幼子イエスのもとに導いた、聖なる星をイメージして……。

LE SAVIEZ-VOUS ?
ご存知でしたか？

ツリーのデコレーションの発展

16世紀には、モミの木の装飾はりんごとホスチア（種なしパン）だけのシンプルなものでした。16世紀の終わりになると、色とりどりの紙で作ったバラなどの造花がデコレーションに加わります。やがて18世紀～19世紀にかけて、アルザス地方では金や銀に塗ったクルミの実や、「ブレデル」と呼ばれるクッキー、ゴーフル、パン・デピス、あらゆる種類の砂糖菓子が使われるようになりました。また、「スプランジェール」というアニス風味のクッキーが、ツリーのお飾りとして登場したのもこのころ。このクッキーは、木型のレリーフ型に生地をあてて模様をつけた、アルザスでも古いお菓子のひとつです。

やがて19世紀後半には、天使や星などをモチーフにした砂糖菓子やチョコレートが登場し、ブレデルやパン・デピスにはさまざまな色のアイシングでコーティングがされるようになりました。

19世紀末になると、金や銀の金属シートの衣装をまとった天使、金に塗った松ぼっくり、金に塗った藁で作った星なども登場し、ろうそくも一般的に。その後、吹きガラスのボール玉やオブジェが生まれ、定番のオーナメントとして定着しました。

Les couronnes végétales
ナチュラルなクリスマスリース

クリスマスに欠かせないリースやお飾りは、ヒイラギやヤドリギな
どの草木を束ねただけでも素朴な美しさ。この幸せのシンボルを、
繊細なグラデーションで刺しゅうして。

LE SAVIEZ-VOUS ?
ご存知でしたか？

ヤドリギの下でキス

　フランスでは、クリスマスから新年にかけてのお祝いの期間に、玄関先
にヤドリギの枝を束ねて飾る風習があります。そして年明けにこの下で
キスをすると、その一年が幸せになるというロマンティックな言い伝え
も……。

　ヤドリギ（宿り木）はその名の通り、他の落葉樹に寄生する植物。ヨー
ロッパ各地に広がるこの風習は、いろいろな伝説や神話に由来していま
す。冬でも鮮やかな緑色のヤドリギの葉は、ケルト民族にとっては不死の
象徴。ヤドリギの枝の下でキスをするのは、親愛と好意の証でした。北欧
神話でもヤドリギは聖なる木とされ、その実は "愛と美と豊穣の女神" フレ
イヤの涙だと言われています。ですから今でも、恋人同士がヤドリギの下
でキスをすると、幸せな結婚や長寿、多産に恵まれると信じられています。

Boules de Noël
クリスマスのオーナメント

クリスマスツリーを飾りつけるのは、ワクワク＆ウキウキの楽しい時間。
それがお手製のオーナメントならなおさら！

作品の作り方 P.113-114

Lecture des contes enchanteurs de Noël
クリスマスに読む物語

『くるみ割り人形』『マッチ売りの少女』『クリスマスキャロル』『モ
ミの木』……大好きなぬいぐるみに囲まれて、クリスマスの物語に
耳をかたむける子どもたち。このやさしいひとときを、ひと針ひと
針、ステッチで閉じ込めて。

LE SAVIEZ-VOUS ?
ご存知でしたか？

クリスマスの贈り物

　フランスでクリスマスのちょっとしたプレゼントの定番といえば、ボン
ボンショコラ。ショコラトリーやパティスリーはもちろん、スーパーにも
この時期にはショコラがずらりと並びます。

　ある調査によると、フランス人が家族や恋人、友人に贈ったクリスマス
のプレゼントの第一位は「本」。そしてコスメ／香水、CD、現金、服／靴、
美容系／スパ／マッサージ、商品券、アクセサリー／時計……と続きます。

　本を贈る習慣はヨーロッパ中で見受けられますが、豪華本やアート本、
写真集など、美しい本が多いフランスならではの結果！

　また、同じ調査によると、回答者の60％が11月〜12月の初めまでには
プレゼントを用意しているとのこと。贈る相手のことを考えながら、プレ
ゼントを選ぶのは楽しいもの。買った商品を自分でラッピングするのもフ
ランス流。この時期にはペーパーやリボンなどラッピングアイテムも充実
しています。

Les animaux fêtent Noël
動物たちと祝うクリスマス

愛らしい動物たちがクリスマスを祝う準備に大忙し。ほのぼのタッチのこのモチーフを、ナプキンの片隅にワンポイントで刺しゅうしてみては？

LE SAVIEZ-VOUS ?
ご存知でしたか？

サンタクロースのトナカイたち

　サンタクロースのよき相棒、ソリを引いて空を駆けめぐるトナカイは9頭いるってご存知でしたか？　もともとはオス4頭＆メス4頭が正式メンバーです。

- ・ダッシャー：　　　　一番早い
- ・ダンサー：　　　　　踊り子のように優雅
- ・プランサー：　　　　一番力がある
- ・ヴィクゼン：　　　　美しく力がある
- ・コメット：　　　　　子どもたちに幸せを運ぶ
- ・キューピッド：　　　子どもたちに愛を届ける
- ・ドナー：　　　　　　一番強い
- ・ブリクセン：　　　　光をもたらす

　この8頭に、小型のトナカイが1939年に加わりました。アメリカで発表された物語『赤鼻のトナカイ』に登場するルドルフです。クリスマスソングとしてもおなじみの、このルドルフの人気の秘密は、サンタさんも言うようにキラキラ光る赤鼻を持っていること！　この鼻が照らしてくれるおかげで、悪天候でもソリは遅れずに進めるのです。

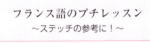

フランス語のプチレッスン
〜ステッチの参考に！〜

NOËL	クリスマス

La chorale d'enfants
子どもたちの讃美歌

天使のような顔の子どもたちがクリスマスの賛美歌を歌いはじめると、その澄んだ声にあわせて小鳥たちもさえずります。雪のように真っ白な生地にこのモチーフを刺せば、透明感ある真冬の朝のニュアンス。

LE SAVIEZ-VOUS ?
ご存知でしたか？

聖なる教会コンサート

　パリを代表する教会や大聖堂、あるいは街角の小さな教会でも、年間を通して日常的にコンサートが開かれています。パリ観光のハイライト、ノートルダム寺院やサント・シャペル教会では、定期的にクラシックのコンサートが。世界最大級のパイプオルガンを有する2区のサントゥタッシュ教会や、パリ最古の教会として知られる6区のサン＝ジェルマン・デ・プレ教会では、日曜の夕方に無料のオルガンコンサートが楽しめます。

　クリスマスの時期になると、どこの教会の内部にもイエスの生誕を模したジオラマ「クレーシュ」が飾られます。そしてクリスマスイブの夜とクリスマス当日には、聖歌隊のコーラスやパイプオルガンの音色に包まれ、荘厳な雰囲気の中、ミサが行われます。

Les décorations de Noël
クリスマスのお飾り

クリスマスイブの夜、子どもたちは靴下を暖炉につるしたり、クリスマスツリーの根元に置いてからベッドに入ります。翌朝、目覚めると、靴下はサンタさんからのプレゼントでいっぱいに……。

LE SAVIEZ-VOUS ?
ご存知でしたか？

クリスマスの靴下

　クリスマスに靴下をつるす風習は、3世紀の小アジアにさかのぼるといわれています。

　ニコラという名の裕福な男が、両親の死後、莫大な遺産を引き継ぎました。彼は、自分の人生と遺産をすべて貧しい人々のために使うことに決め、人助けに身を投じました。その名はまたたく間に知れ渡りましたが、ニコラは誰にも気づかれないよう夜の間にしか姿を現さず、素性は謎のままでした。

　ある日、3人の娘を持つ貧しい農夫を助けるべく、ニコラが煙突からお金の入った袋を投げ入れると、暖炉に干してあった靴下の中に納まりました。翌朝それを見つけた農夫は大喜び。そのおかげで、娘たちは売られずに済んだのです。

　この人物こそ、後にサンタクロースのモデルになったといわれる、サン＝ニコラ（聖ニコラ）。こうして、幸せをもたらしてくれるものがやってきますようにとの願いを込めて、今でも靴下をつるすのです。

Chaussette de Noël
クリスマスブーツ

手作りのクリスマスブーツをつるせば、サンタさんもきっと愛情
いっぱいのプレゼントを届けてくれるはず！

作品の作り方 P.116-117

Rêves de jouets
夢みるおもちゃたち

皆が寝静まったころ、おもちゃたちはおもちゃ箱を飛び出します。子ど
もたちの夢を育むおもちゃたちと一緒に、さあ、あなたも空想の国へ。

Le sapin gourmand
スイートなクリスマスツリー

パン・デピス、カリソン、ヌガー、ビュッシュ・ド・ノエル、パネトーネ、クグロフ、カップケーキ……。ありったけのお菓子で飾った、甘い甘いクリスマスツリー。この食いしん坊なモミの木は、子どものころの憧れ！

LE SAVIEZ-VOUS ?
ご存知でしたか？

南仏スタイルのクリスマス

　フランスのクリスマスケーキといえば、薪をイメージしたロールケーキ「ビュッシュ・ド・ノエル」。でも、南仏プロヴァンスではクリスマスの夜に、「13のデザート」を家族で囲む風習が残っています。

　伝統的にはこの地方では、「グロ・スペ」と呼ばれるディナーで宴が始まります。にんにくのスープから始まり、干しダラのトマトソース煮やクリーム煮、カリフラワーとホウレンソウのグラタン、エスカルゴなど、肉を使わない"質素な"料理が特徴です。

　食事の後にはミサに参加し、ミサから戻るといよいよ13のデザートの登場。13という数は、イエスと12人の使徒を象徴しています。この13種類のデザートに何を選ぶかは、家庭によって異なります。

　「ポンプ・ア・リュイル」は外せません。これはオリーブオイルを練り込んだパン生地に、オレンジフラワーウォーターで香りづけをしたプロヴァンス地方のクリスマスのお菓子。郷土菓子のヌガーやカリソン、チョコレートにナッツやドライフルーツをトッピングした「マンディアン（托鉢僧）」も定番です。そして、ナシやりんご、メロン、オレンジなどの新鮮なフルーツ。あるいは、ドライフルーツやフリュイ・コンフィ……と続きます。

La nuit de Noël
クリスマスイブの夜に

夜のとばりが降りるころ、サンタクロースは大空にむけてソリを走らせます。世界中の家々を回ってプレゼントを届けるという、大忙しな1日の始まりです。サンタさんに一目会いたいと、子どもたちは眠い目をこすりながら窓の外を眺めていますが……。

LE SAVIEZ-VOUS ?
ご存知でしたか？

クリスマスのお買い物

　クリスマスイブの日は、大人たちは朝から買い出しで大忙し。肉屋さんで七面鳥を丸ごと1羽買い、シャルキュトリーに寄ってフォワグラを、魚屋さんで牡蠣を仕入れたら、パン屋さんに寄ってバゲットと、フォワグラにあわせるイチジクのパン、牡蠣にあわせるライ麦パンを求めます。そしてショコラトリーでボンボンショコラを選び、パティスリーでビュッシュ・ド・ノエルを受け取るころには両手がいっぱいに！

　この日はいつもの商店街での買い物も、幸せムードがただよっています。お店の人もお客さんも、「Bonnes fêtes（すてきなパーティーを）」が合言葉。

　フランスのクリスマスは、家族で過ごすのが一般的。ごちそうを囲んでの宴は、深夜のミサを挟んで延々と続くのです。

Le matin de Noël
クリスマスの朝に

待ちに待った朝が訪れると、一目散にツリーのもとへ。たくさんのおもちゃやお菓子に目を輝かせ、頬を紅潮させる子どもたち……。懐かしいクリスマスの情景がよみがえります。

LE SAVIEZ-VOUS ?
ご存知でしたか？

北フランスのクリスマス菓子

　クリスマスの朝、北フランスの子どもたちのお楽しみは、プレゼントとイエス様のパン。

　クリスマスの貝殻を意味する「コキーユ・ド・ノエル」は、赤ちゃんをかたどったブリオッシュの菓子パンです。赤ちゃんはもちろん生まれたばかりのイエス様で、産着に包まれている姿を思わせます。こんがりリッチな生地に、表面のあられ糖がほどよい溶け具合。この甘い香りをかぐと、思わず頬ずりしたくなります……。

　クリスマスの時期になると、北フランスのパン屋さんやスーパーにはコキーユ・ド・ノエルが並びますが、伝統的には、クリスマスのミサの後や、クリスマスの朝にショコラ・ショーと一緒に食べるのが習わしです。

フランス語のプチレッスン
〜ステッチの参考に！〜

ジョワイユー・ノエル
Joyeux Noël　　　　　　　メリークリスマス

Calendrier de l'avent
アドベントカレンダー

ここまでに登場した、数字の入ったモチーフだけを集めてみると、クリスマスまでのカレンダーができあがります。小さなサシェを作ってモチーフを刺せば、アドベントカレンダーに。サシェの中にはもちろん、キャンディーやチョコレートなどちょっとしたお楽しみを隠して。

作品の作り方 P.119

L'abécédaire de Noël
クリスマスのアルファベット

シンプルに赤×緑だけで紡ぐ、クリスマスのエスプリあふれるアルファベット図
案。まるごと刺してタペストリーに仕上げたり、イニシャルをポイントづかいし
たり、文字を組み合わせてメッセージを刺しても。

Joyeux Noël!
メリークリスマス！

クリスマスから年末年始のお祝いに使える小さなメッセージ。ハンドタオルや靴下など、ちょっとしたプレゼントにワンポイントで加えてみては？

フランス語のプチレッスン	
～ステッチの参考に！～	
プール・トワ POUR TOI	あなたへ
ジョワイユー・ノエル Joyeux Noël	メリークリスマス
ノエル Noël	クリスマス
ジョワイユーズ・フェット Joyeuses FÊTES	楽しいパーティーを
メ イ ヤ ー ・ ヴ ー meilleurs vœux	明けましておめでとう

Bonne année!
ハッピーニューイヤー！

大晦日の晩は、恋人や友人とにぎやかにカウントダウンがフランス流。時計の針が0
時を回ったら、「Bonne année！（ハッピーニューイヤー）」と声をかけ合いながら、
ほっぺにチュッと新年のあいさつをします。

フランス語のプチレッスン
〜ステッチの参考に！〜

ボンヌ・フェット Bonnes Fêtes	すてきなパーティーを
ボ・ナ ネ BONNE ANNÉE	ハッピーニューイヤー
ボ・ナ ネ BONNE ANNÉE	ハッピーニューイヤー
ジョワイユーズ・フェット joyeuses fêtes	楽しいパーティーを

Bonnes
Fêtes

BONNES
FÊTES

BONNE ANNÉE

BONNE
ANNÉE

joyeuses
fêtes

Cartes de vœux
グリーティングカード

「Joyeux Noël !（メリークリスマス）」「Bonne année !（ハッピーニューイヤー）」。
今年はフランス語のメッセージを刺した、手作りのメッセージカードを
作って送るのもすてき。

Les grilles
チャート

本書では、クロスステッチは2本どり2目刺し、バックステッチ、ハーフステッチ、フレンチノットは1本どりで刺しゅうしています。糸の本数について指定がある場合は、各チャートに明記してあります。

	クロスステッチ 2本どり	
		3078
		744
		3853
		948
		754
		712
		738
		436
		434
		3864
		839
		351
		349
		815
		3348
		989
		987

バックステッチ
	434
	839
	349
	815
	3345

フレンチノット
| ● | 349 |

クロスステッチ
2本どり

	948
	754
	712
	739
	436
	434
	801
	351
	349
	815
	989
	987
	3345
	747
	3766
	3810
	930
	Blanc (白)

バックステッチ
- 434
- 349
- 801
- 815
- 3345
- 3766
- 930

フレンチノット
- 349
- 801

クロスステッチ
2本どり
- 746
- 3078
- 744
- 3854
- 948
- 434
- 436
- 738
- 815
- 349
- 351
- 152
- 223
- 3721
- 989
- 987
- 3345
- 322
- 3761
- 3766
- 844

バックステッチ
- 434
- 349
- 815
- 3345
- 844

Jouets
ET ETRENNES
TOUT LE MOIS
DE DECEMBRE

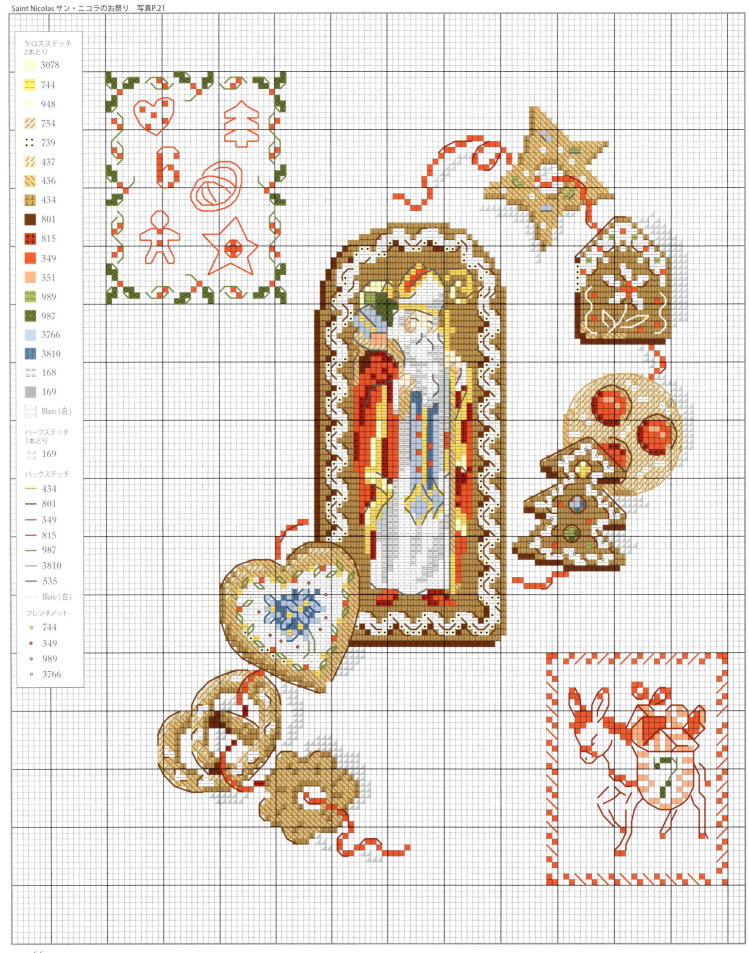

クロスステッチ
2本どり
- 3078
- 744
- 948
- 754
- 739
- 437
- 436
- 434
- 801
- 815
- 349
- 351
- 989
- 987
- 3766
- 3810
- 168
- 169
- Blanc（白）

ハーフステッチ
1本どり
- 169

バックステッチ
- 434
- 801
- 349
- 815
- 987
- 3810
- 535
- Blanc（白）

フレンチノット
- 744
- 349
- 989
- 3766

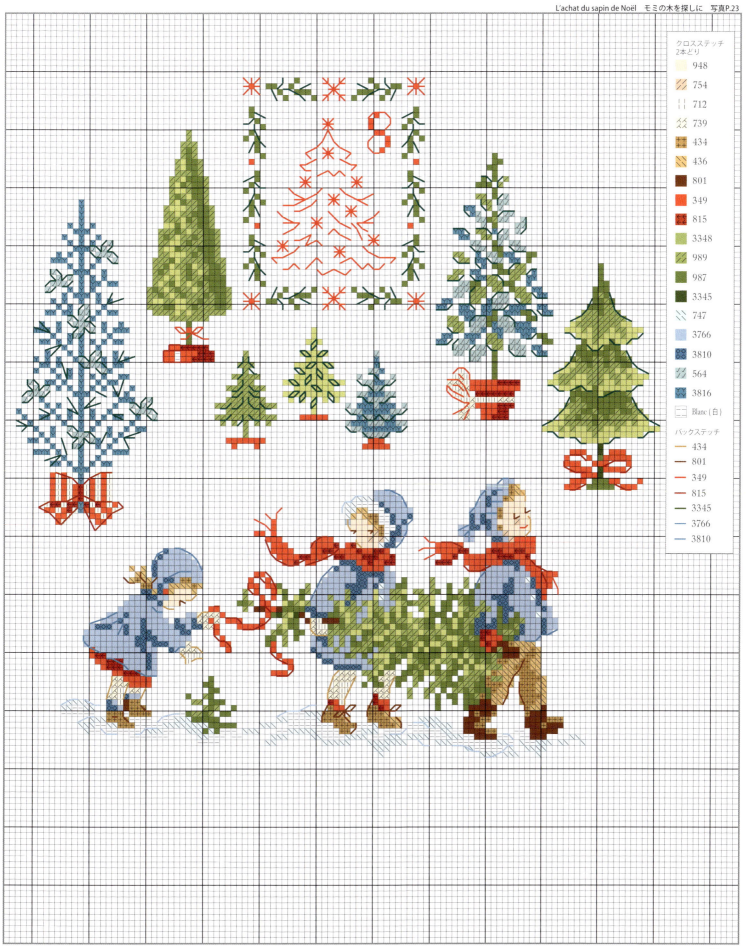

クロスステッチ
2本どり

	3078
	744
	948
	754
	712
	434
	436
	738
	351
	349
	815
	3348
	989
	987
	747
	3766
	3810
	168
	535
	Blanc (白)

バックステッチ

	434
	801
	349
	815
	987
	3810
	3345
	535

フレンチノット

	349
	3810
	535

クロスステッチ
2本どり

- 3078
- 744
- 3853
- 948
- 754
- 434
- 436
- 739
- 3864
- 839
- 351
- 349
- 815
- 989
- 987
- 747
- 3766
- 3810
- Blanc（白）

バックステッチ

- 434
- 839
- 349
- 815
- 989
- 3810
- 3345

クロスステッチ
2本どり

━ ━	712
	738
○○	739
	434
✚	436
	351
	349
	815
	3348
	989
	987
⫿ ⫿	747
╱╱	564
	3816
	3810
	3766

バックステッチ

━	434
━	349
━	815
━	987
━	3810

フレンチノット

◦	434
•	349
◦	564

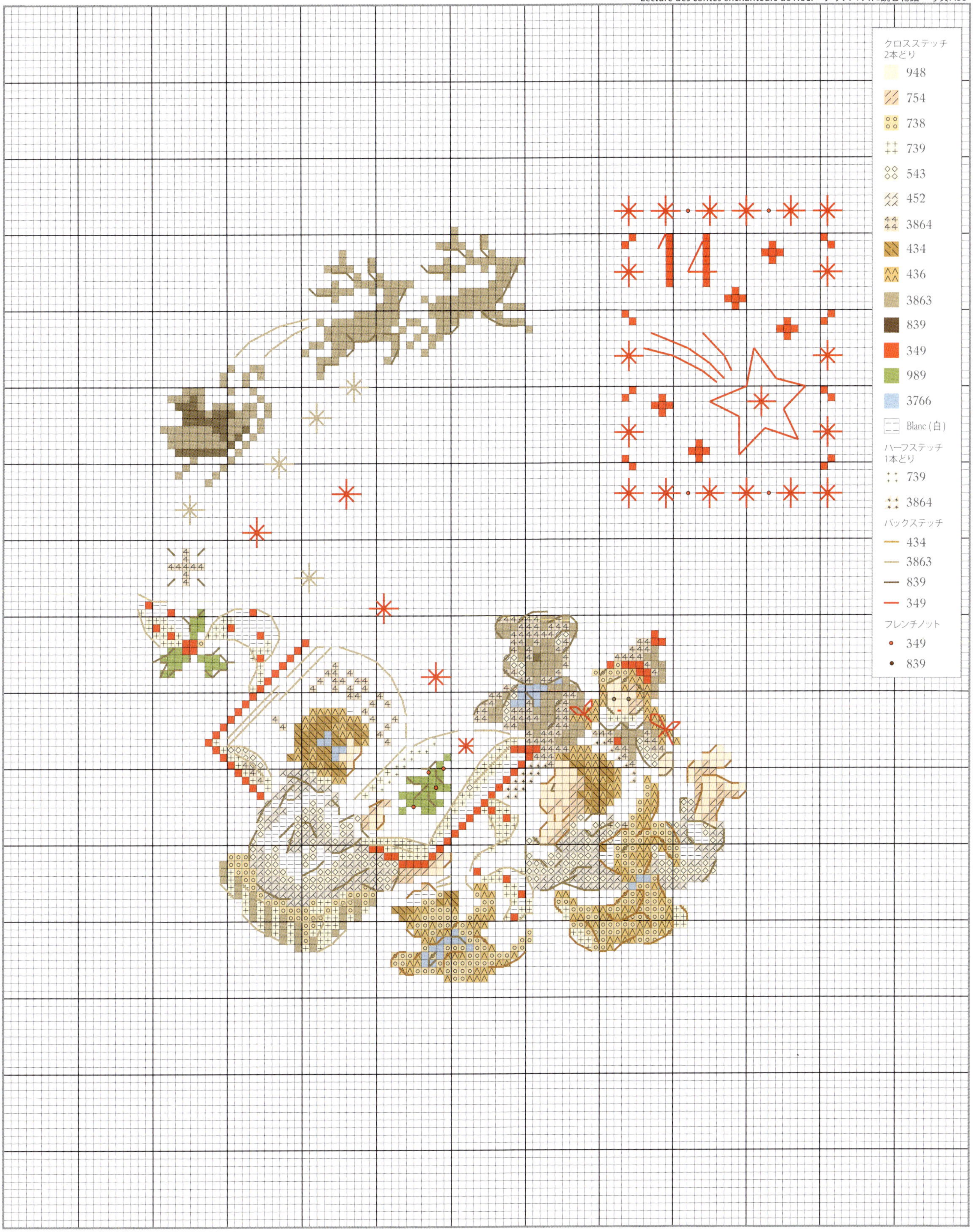

クロスステッチ
2本どり
- 948
- 754
- 738
- 739
- 543
- 452
- 3864
- 434
- 436
- 3863
- 839
- 349
- 989
- 3766
- Blanc (白)

ハーフステッチ
1本どり
- 739
- 3864

バックステッチ
- 434
- 3863
- 839
- 349

フレンチノット
- 349
- 839

クロスステッチ
2本どり

▨	744
	754
╫	712
∷	738
⧄	3864
	3863
	434
▨	436
	801
▭	351
	349
⊞	815
⧄	989
▨	987
	3345
⧅	747
	3766
▭	Blanc (白)

バックステッチ

—	434
—	801
—	349
—	815
—	3345
—	3766

フレンチノット

●	801

クロスステッチ
2本どり
739
437
435
801
351
349
815
3348
989
987
3345
168
169
535
Blanc（白）

ハーフステッチ
1本どり
169

バックステッチ
435
801
349
815
987
3345
535

フレンチノット
349

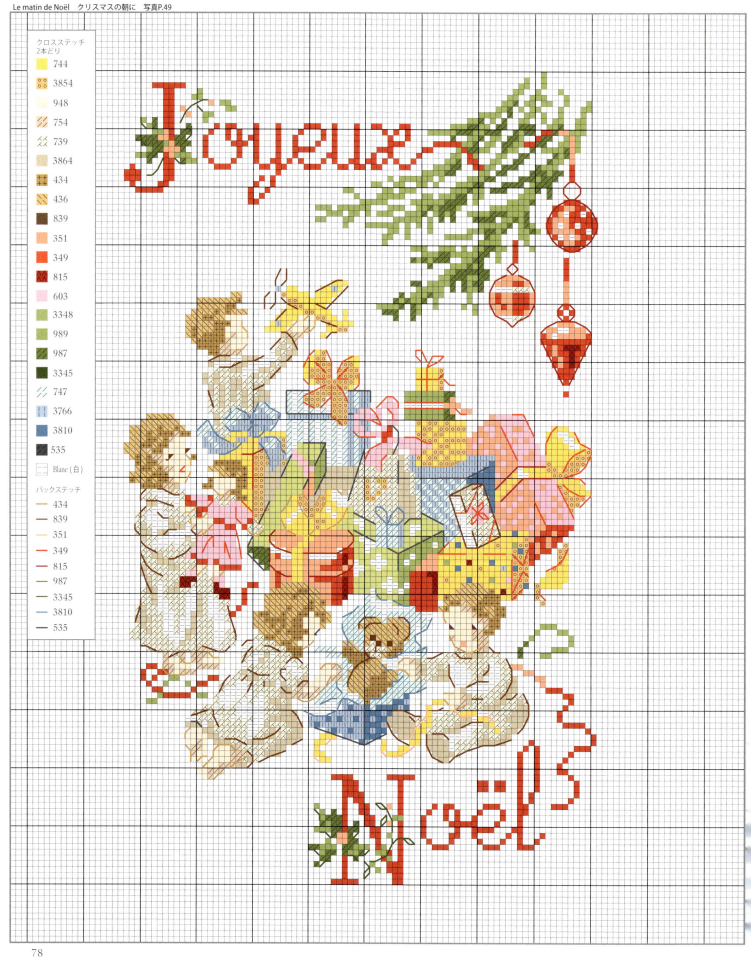

クロスステッチ
2本どり

	744
	3854
	948
	754
	739
	3864
	434
	436
	839
	351
	349
	815
	603
	3348
	989
	987
	3345
	747
	3766
	3810
	535
	Blanc（白）

バックステッチ

—	434
—	839
—	351
—	349
—	815
—	987
—	3345
—	3810
—	535

クロスステッチ
2本どり

- 351
- 349
- 815
- 989
- 987
- 3345

バックステッチ
- 349
- 815
- 3345

クロスステッチ
2本どり
- 948
- 754
- 434
- 436
- 739
- 3864
- 839
- 351
- 349
- 815
- 989
- 987
- 3345
- 3816
- 564
- Blanc（白）

ハーフステッチ
1本どり
- 739
- 3864

バックステッチ
- 434
- 839
- 349
- 815
- 989
- 3345

フレンチノット
- 839
- 349
- 815
- 989
- Blanc（白）

POUR TOI

Joyeux

Noël

Noël

Joyeuses Fêtes

bonnes fêtes

Bonnes Fêtes

BONNE ANNÉE

BONNE ANNÉE

joyeuses fêtes

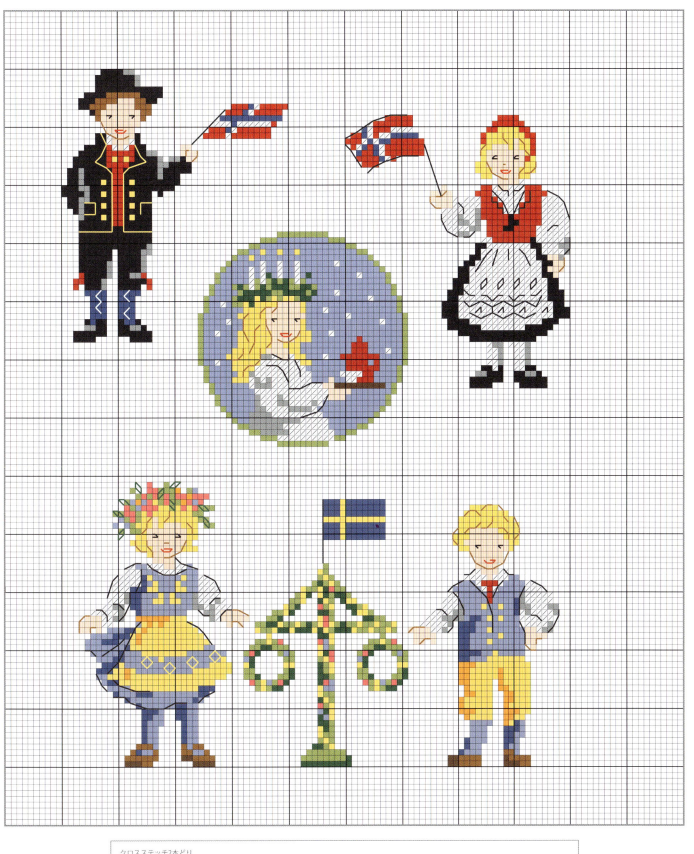

クロスステッチ2本どり

726	3853	754	435	839	347	602
989	986	797	799	3799	169	Blanc（白）

バックステッチ

— 726　— 435　— 347　— 986　— 797　— 3799　— Blanc（白）

フレンチノット

○ 799

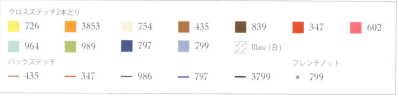

クロスステッチ2本どり

726	3853	754	435	839	347	602	327
964	989	986	799	797	3799	169	Blanc（白）

バックステッチ

— 435 — 839 — 347 — 986 — 3799 —— Blanc（白）

クロスステッチ2本どり
726　3853　347　602　989　797　799
バックステッチ
— 347　— 797

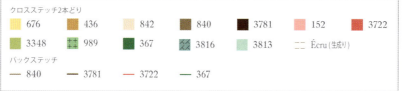

クロスステッチ2本どり

676	436	842	840	3781	152	3722
3348	989	367	3816	3813	Écru (生成り)	

バックステッチ
— 840　— 3781　— 3722　— 367

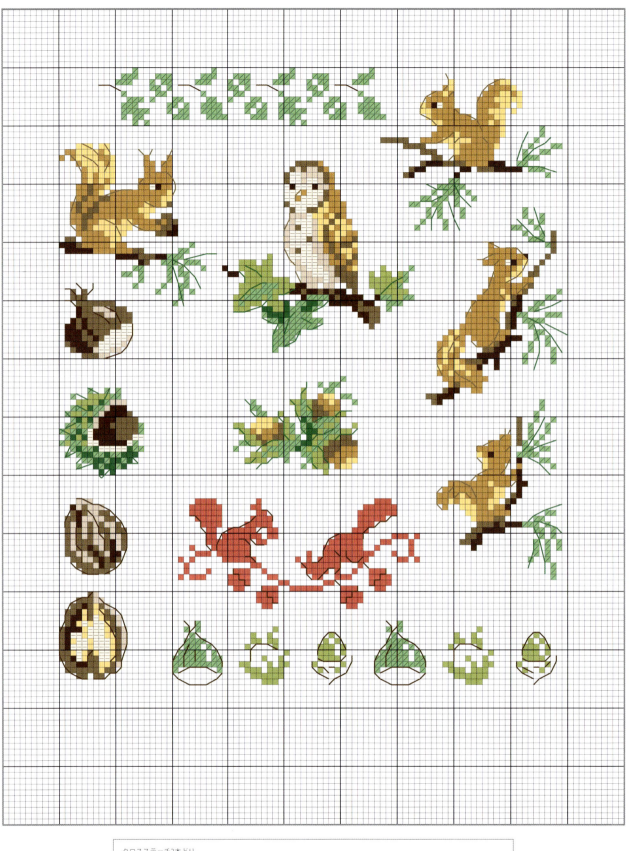

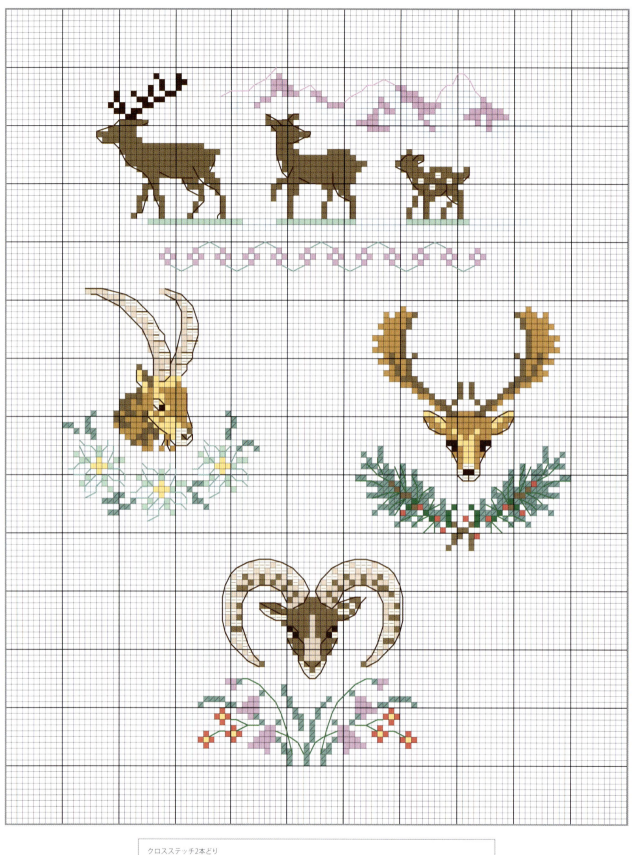

クロスステッチ2本どり
676　436　842　840　3781　225　152　3722
3042　3348　989　3813　3816　367　3753　Écru (生成り)
バックステッチ
840　3781　3722　3042

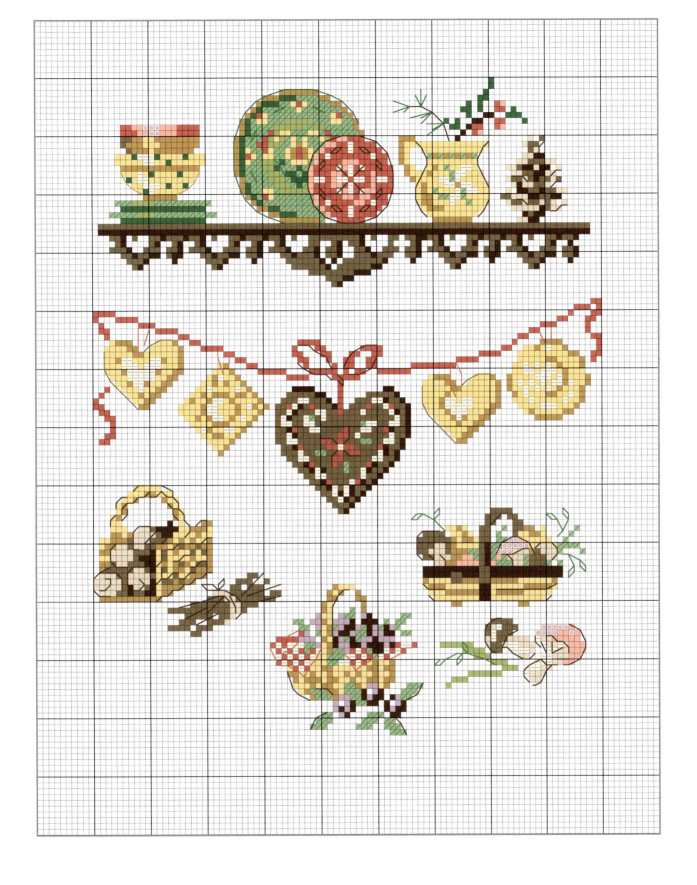

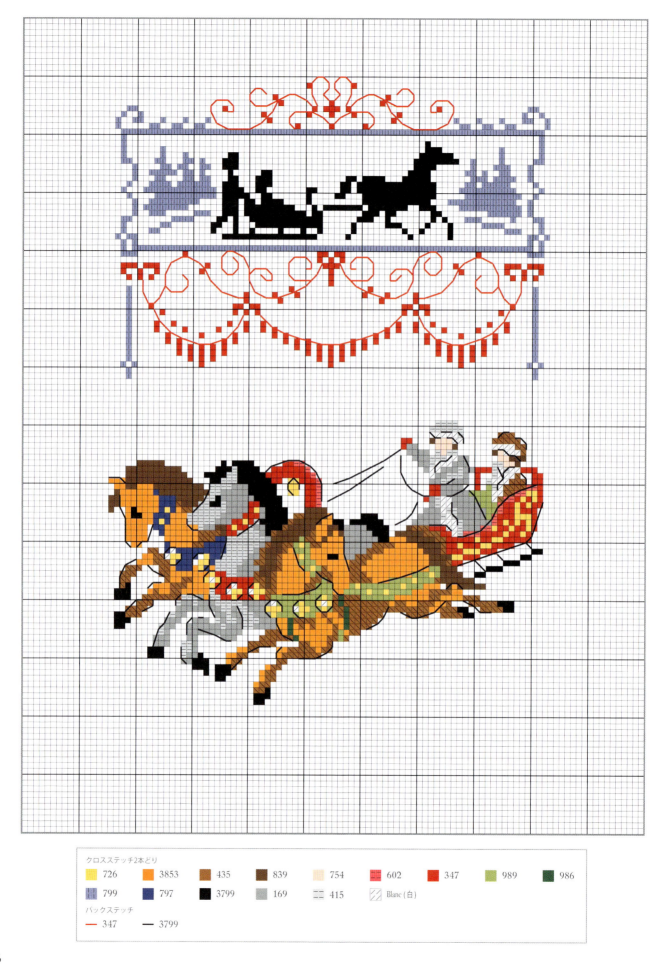

クロスステッチ2本どり

726	3853	435
839	754	602
347	989	986
799	797	3799
169	415	Blanc (白)

バックステッチ
— 347   — 3799

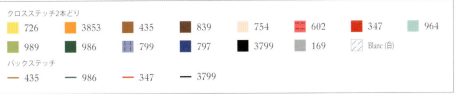

クロスステッチ2本どり

	726		3853		435		839		754		602		347		964
	989		986		799		797		3799		169		Blanc (白)		

バックステッチ
— 435   — 986   — 347   — 3799

刺しゅうの出来上がりサイズと目数について

ステッチを始める前に

・布を選んだら、後に述べる方法で図案の出来上がりサイズを割り出し、布をカットします。図案のモチーフをステッチしやすいように、余裕を持たせましょう。また、額に入れる場合や、縫い合わせて作品に仕上げる場合は、モチーフの周りに余白を持たせることも忘れずに。

・布をカットしたら、ほつれ防止のために縁をかがる。

・布を4つ折りにして中心を見つける。大きなタペストリーなど複雑な図案をステッチする場合は、縦と横の中心線をしつけ糸で縫っておけば目印となり、ステッチが刺しやすくなります（ステッチが仕上がったらしつけ糸は取り除くので、きつく刺しすぎないこと）。

チャート

チャートは小さな方眼状になっていて、それぞれのマス目の色は、ステッチに使う糸の色と対応しています。各色の番号は、DMCの刺しゅう糸に対応しています。

チャートをカラーコピーで拡大すれば、見やすくなって、作業がはかどるでしょう。

カウントについて

「Counted」の略で、「ct」と表記し、1インチ（2.54cm）の中に布目が何目あるのかをいいます。例えば、11ctは、1インチに11目あるという意味で、カウント数が増えるにしたがって目は細かくなっていきます。

出来上がりサイズ

出来上がりサイズは、使う布の目数によって変わってきます。1cmあたりの目数が多ければ多いほど、ステッチの数は多くなり、モチーフは小さくなります。出来上がりが何cmになるかを割り出すには、次の方法にしたがって計算してください。

1. 布1cmあたりの目数を、何目ごとにステッチするかで割り、1cmあたりのステッチの数を割り出します。
例）1cm＝11目の布に2目刺しする場合、ステッチは1cmあたり5.5目（11目÷2目ごと）。

2. チャートのステッチ数（幅＆高さのマス目の数）を数え、その数を5.5で割れば、出来上がりサイズが割り出せます。
例）：250目（幅）×250目（高さ）の場合
幅：250÷5.5＝約45cm
高さ：250÷5.5＝約45cm

カウントについて

以下は、布の目数とステッチの目数の換算表です。図案の出来上がりサイズを割り出すのに参考にしてください。

布の目数	1cmあたりの クロスステッチの数 （2目刺しの場合）	カウント
エタミン		
1cm＝5目	2.5目	13ct
1cm＝10目	5目	25ct
1cm＝11目	5.5目	28ct
リネン		
1cm＝5目	2.5目	13ct
1cm＝10目	5目	25ct
1cm＝11目	5.5目	28ct

この本で紹介している作品は、すべて1cmあたり11目のリネンに刺しゅうしています。

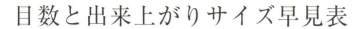

目数と出来上がりサイズ早見表

この表で、リネン（麻布）の織り糸2本を1目としたとき（2目刺し）とアイーダの刺しゅうの出来上がりサイズがわかります。例えば、1cmあたり織り糸が10本のリネンを使う場合、10目刺した時の刺しゅうサイズは2cmとなります。1cmあたり5.5ブロック（14ct）のアイーダを使う場合、11目刺した時の刺しゅうサイズは2cmとなります。

	布の表示	13ct	14ct	16ct	18ct	20ct
アイーダ	ブロック/in	13	14	16	18	20
	ブロック/cm	5	5.5	6.3	7	8
	目/cm	5	5.5	6.3	7	8
	布の表示	25ct	28ct	32ct	36ct	40ct
リネン	織り糸本/in	25	28	32	36	40
	織り糸本/cm	10	11	12.6	14	16
	目/cm	5	5.5	6.3	7	8
〈目数〉						
	5	1				
	6	1.2	1.1	1		
	7	1.4	1.3	1.1	1	
	8	1.6	1.5	1.3	1.1	1
	9	1.8	1.6	1.4	1.3	1.1
	10	2	1.8	1.6	1.4	1.3
	11	2.2	2	1.7	1.6	1.4
	12	2.4	2.2	1.9	1.7	1.5
	13	2.6	2.4	2.1	1.9	1.6
	14	2.8	2.5	2.2	2	1.8
	15	3	2.7	2.4	2.1	1.9
	16	3.2	2.9	2.5	2.3	2
	17	3.4	3.1	2.7	2.4	2.1
	18	3.6	3.3	2.9	2.6	2.3
	19	3.8	3.5	3	2.7	2.4
	20	4	3.6	3.2	2.9	2.5
	21	4.2	3.8	3.3	3	2.6
	22	4.4	4	3.5	3.1	2.8
	23	4.6	4.2	3.7	3.3	2.9
	24	4.8	4.4	3.8	3.4	3
	25	5	4.5	4	3.6	3.1
	26	5.2	4.7	4.1	3.7	3.3
	27	5.4	4.9	4.3	3.9	3.4
	28	5.6	5.1	4.4	4	3.5
	29	5.8	5.3	4.6	4.1	3.6
	30	6	5.5	4.8	4.3	3.8
	31	6.2	5.6	4.9	4.4	3.9
	32	6.4	5.8	5.1	4.6	4
	33	6.6	6	5.2	4.7	4.1
	34	6.8	6.2	5.4	4.9	4.3
	35	7	6.4	5.6	5	4.4
	36	7.2	6.5	5.7	5.1	4.5
	37	7.4	6.7	5.9	5.3	4.6
	38	7.6	6.9	6	5.4	4.8
	39	7.8	7.1	6.2	5.6	4.9
	40	8	7.3	6.3	5.7	5
	41	8.2	7.5	6.5	5.9	5.1
	42	8.4	7.6	6.7	6	5.3
	43	8.6	7.8	6.8	6.1	5.4
	44	8.8	8	7	6.3	5.5

	布の表示	13ct	14ct	16ct	18ct	20ct
アイーダ	ブロック/in	13	14	16	18	20
	ブロック/cm	5	5.5	6.3	7	8
	目/cm	5	5.5	6.3	7	8
	布の表示	25ct	28ct	32ct	36ct	40ct
リネン	織り糸本/in	25	28	32	36	40
	織り糸本/cm	10	11	12.6	14	16
	目/cm	5	5.5	6.3	7	8
	45	9	8.2	7.1	6.4	5.6
	46	9.2	8.4	7.3	6.6	5.8
	47	9.4	8.5	7.5	6.7	5.9
	48	9.6	8.7	7.6	6.9	6
	49	9.8	8.9	7.8	7	6.1
	50	10	9.1	7.9	7.1	6.3
	51	10.2	9.3	8.1	7.3	6.4
	52	10.4	9.5	8.3	7.4	6.5
	53	10.6	9.6	8.4	7.6	6.6
	54	10.8	9.8	8.6	7.7	6.8
	55	11	10	8.7	7.9	6.9
	56	11.2	10.2	8.9	8	7
	57	11.4	10.4	9	8.1	7.1
	58	11.6	10.5	9.2	8.3	7.3
	59	11.8	10.7	9.4	8.4	7.4
	60	12	10.9	9.5	8.6	7.5
	61	12.2	11.1	9.7	8.7	7.6
	62	12.4	11.3	9.8	8.9	7.8
	63	12.6	11.5	10	9.0	7.9
	64	12.8	11.6	10.2	9.1	8
	65	13	11.8	10.3	9.3	8.1
	66	13.2	12	10.5	9.4	8.3
	67	13.4	12.2	10.6	9.6	8.4
	68	13.6	12.4	10.8	9.7	8.5
	69	13.8	12.5	11	9.9	8.6
	70	14	12.7	11.1	10	8.8
	71	14.2	12.9	11.3	10.1	8.9
	72	14.4	13.1	11.4	10.3	9
	73	14.6	13.3	11.6	10.4	9.1
	74	14.8	13.5	11.7	10.6	9.3
	75	15	13.6	11.9	10.7	9.4
	76	15.2	13.8	12.1	10.9	9.5
	77	15.4	14	12.2	11	9.6
	78	15.6	14.2	12.4	11.1	9.8
	79	15.8	14.4	12.5	11.3	9.9
	80	16	14.5	12.7	11.4	10
	81	16.2	14.7	12.9	11.6	10.1
	82	16.4	14.9	13	11.7	10.3
	83	16.6	15.1	13.2	11.9	10.4
	84	16.8	15.3	13.3	12	10.5

1インチ（inch、記号：in）は25.4ミリメートル

アイーダ	布の表示	13ct	14ct	16ct	18ct	20ct
	ブロック/in	13	14	16	18	20
	ブロック/cm	5	5.5	6.3	7	8
	目/cm	5	5.5	6.3	7	8
リネン	布の表示	25ct	28ct	32ct	36ct	40ct
	織り糸本/in	25	28	32	36	40
	織り糸本/cm	10	11	12.6	14	16
	目/cm	5	5.5	6.3	7	8

〈目数〉

目数					
85	17	15.5	13.5	12.1	10.6
86	17.2	15.6	13.7	12.3	10.8
87	17.4	15.8	13.8	12.4	10.9
88	17.6	16	14	12.6	11
89	17.8	16.2	14.1	12.7	11.1
90	18	16.4	14.3	12.9	11.3
91	18.2	16.5	14.4	13	11.4
92	18.4	16.7	14.6	13.1	11.5
93	18.6	16.9	14.8	13.3	11.6
94	18.8	17.1	14.9	13.4	11.8
95	19	17.3	15.1	13.6	11.9
96	19.2	17.5	15.2	13.7	12
97	19.4	17.6	15.4	13.9	12.1
98	19.6	17.8	15.6	14	12.3
99	19.8	18	15.7	14.1	12.4
100	20	18.2	15.9	14.3	12.5
101	20.2	18.4	16	14.4	12.6
102	20.4	18.5	16.2	14.6	12.8
103	20.6	18.7	16.3	14.7	12.9
104	20.8	18.9	16.5	14.9	13
105	21	19.1	16.7	15	13.1
106	21.2	19.3	16.8	15.1	13.3
107	21.4	19.5	17	15.3	13.4
108	21.6	19.6	17.1	15.4	13.5
109	21.8	19.8	17.3	15.6	13.6
110	22	20	17.5	15.7	13.8
111	22.2	20.2	17.6	15.9	13.9
112	22.4	20.4	17.8	16	14
113	22.6	20.5	17.9	16.1	14.1
114	22.8	20.7	18.1	16.3	14.3
115	23	20.9	18.3	16.4	14.4
116	23.2	21.1	18.4	16.6	14.5
117	23.4	21.3	18.6	16.7	14.6
118	23.6	21.5	18.7	16.9	14.8
119	23.8	21.6	18.9	17	14.9
120	24	21.8	19	17.1	15
121	24.2	22	19.2	17.3	15.1
122	24.4	22.2	19.4	17.4	15.3
123	24.6	22.4	19.5	17.6	15.4
124	24.8	22.5	19.7	17.7	15.5

アイーダ	布の表示	13ct	14ct	16ct	18ct	20ct
	ブロック/in	13	14	16	18	20
	ブロック/cm	5	5.5	6.3	7	8
	目/cm	5	5.5	6.3	7	8
リネン	布の表示	25ct	28ct	32ct	36ct	40ct
	織り糸本/in	25	28	32	36	40
	織り糸本/cm	10	11	12.6	14	16
	目/cm	5	5.5	6.3	7	8

目数					
125	25	22.7	19.8	17.9	15.6
126	25.2	22.9	20	18	15.8
127	25.4	23.1	20.2	18.1	15.9
128	25.6	23.3	20.3	18.3	16
129	25.8	23.5	20.5	18.4	16.1
130	26	23.6	20.6	18.6	16.3
131	26.2	23.8	20.8	18.7	16.4
132	26.4	24	21	18.9	16.5
133	26.6	24.2	21.1	19	16.6
134	26.8	24.4	21.3	19.1	16.8
135	27	24.5	21.4	19.3	16.9
136	27.2	24.7	21.6	19.4	17
137	27.4	24.9	21.7	19.6	17.1
138	27.6	25.1	21.9	19.7	17.3
139	27.8	25.3	22.1	19.9	17.4
140	28	25.5	22.2	20	17.5
141	28.2	25.6	22.4	20.1	17.6
142	28.4	25.8	22.5	20.3	17.8
143	28.6	26	22.7	20.4	17.9
144	28.8	26.2	22.9	20.6	18
145	29	26.4	23	20.7	18.1
146	29.2	26.5	23.2	20.9	18.3
147	29.4	26.7	23.3	21	18.4
148	29.6	26.9	23.5	21.1	18.5
149	29.8	27.1	23.7	21.3	18.6
150	30	27.3	23.8	21.4	18.8
151	30.2	27.5	24	21.6	18.9
152	30.4	27.6	24.1	21.7	19
153	30.6	27.8	24.3	21.9	19.1
154	30.8	28	24.4	22	19.3
155	31	28.2	24.6	22.1	19.4
156	31.2	28.4	24.8	22.3	19.5
157	31.4	28.5	24.9	22.4	19.6
158	31.6	28.7	25.1	22.6	19.8
159	31.8	28.9	25.2	22.7	19.9
160	32	29.1	25.4	22.9	20
161	32.2	29.3	25.6	23	20.1
162	32.4	29.5	25.7	23.1	20.3
163	32.6	29.6	25.9	23.3	20.4
164	32.8	29.8	26	23.4	20.5

1インチ（inch、記号：in）は25.4ミリメートル

Sac du Père Noël
サンタクロースのプレゼント袋···Photo P.18-19 Chart P.65

材料
●表布：リネン刺しゅう布
（アイボリー／DMC3865、11目／cm）：60×55cm（横×縦）
●DMC25番刺しゅう糸：948、754、712、739、801、
434、436、815、349、351、
989、987、3345、3810、3766、
747、Blanc、168、169、535
●緑のポンポンブレード（梵天テープ）：60cm
●赤のリボン：3cm幅、130cm

出来上がり作品のサイズ
●約29×50cm

刺しゅうのサイズ
●約20×26.4cm

●単位はcm

寸法図

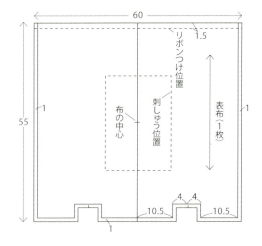

作り方

1 60×55cmの表布の周囲の裁ち端をかがる。中心に刺しゅうする。

2 表布の左右を中表に合わせて、脇を縫い、縫い代をアイロンで割る。

3 縫い目が中心になるように下の辺を合わせて縫い、割る。

4 マチ部分を縫い、裁ち端をかがる。

5 表に返す。開口部の周りにぐるりとポンポンブレードを縫いつける。

6 リボンの端を縫ってわにし、半分に折る。

7 袋口の縫い代を挟み込むようにぐるりと縫い付ける。

2
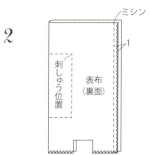

3
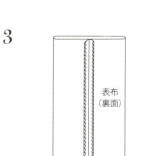

4
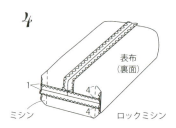

5

6
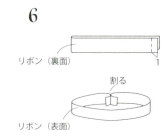

7

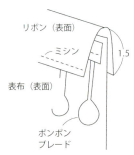

完成

クリスマスオーナメント（丸型）・・・Photo P. 30-31 Chart P.70

材料

●表布：リネン刺しゅう布
（アイボリー／DMC3865、11目／cm）：12×12cm（1個分）

●DMC25番刺しゅう糸：434、436、738、739、712、
（ヤドリギ）　　989、987、3816、564

●DMC25番刺しゅう糸：434、436、738、739、815、
（リボンとかご）　349、351、3348、989、987、
　　　　　　　　3816、564、3810、3766、747

●別布：コットン生地　12×12cm（1個分）

●化繊綿

○緑のリボン（ヤドリギ）の丸いオーナメント
　●アイボリーのフリルレース：2cm幅、35cm
　●緑のチェックのリボン：1cm幅、20cm

○赤のブレード（リボンとかご）の丸いオーナメント
　●赤のブレード：0.4cm幅、20cm
　●赤のタッセル：3cm

●出来上がりサイズ
約10×10cm

●刺しゅうのサイズ
約8.5×8cm　ヤドリギ
約6.5×5.3cm　リボンとかご

●単位はcm

寸法図

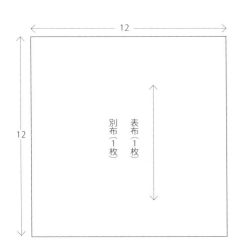

作り方

1 表布の中心に刺しゅうをする。

2 表布、別布を直径12センチの円に裁断する。

3 別布の縁にレースをのせてしつけをする。

4 3に表布を中表に重ね、返し口だけ粗ミシンにして、
周りを縫う。

5 縫い代を0.5cmに切りそろえ、アイロンで表布側に折
る。粗ミシンをほどく。

6 返し口から表に返して、綿を詰める。返し口をまつる。

7 リボンを折って上端の裏に縫いつける。

・ 赤のブレード（リボンとかご）の丸いオーナメント
レースは付けずに本体を縫い、6で上の部分にブレー
ド、下の部分にタッセルを付ける。

3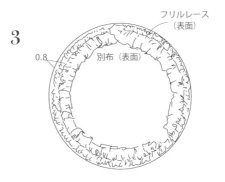

0.8　別布（表面）　フリルレース（表面）

4

返し口のみ粗ミシン　表布（裏面）　1　ミシン

5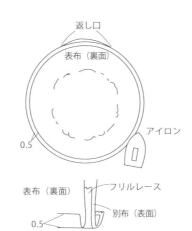

返し口　表布（裏面）　アイロン　0.5
表布（裏面）　フリルレース　別布（表面）　0.5

6

返し口　表布（表面）

7

リボン　裏に縫い付ける　表布（表面）

完成

クリスマスオーナメント（ハート型）・・・Photo P.30-31　Chart P.70

材料

●表布：リネン刺しゅう布
（アイボリー／DMC3865、11目／cm）：20×20cm
●DMC25番刺しゅう糸：739、815、349、712、987、
　　　　　　　　　　　3816、564
●別布：コットン生地　20×20cm
●赤のリボンブレード：60cm
●リボン：0.8cm幅、20cm
●化繊綿

●出来上がりサイズ
約18×16cm

●刺しゅうのサイズ
約9.1×8.4cm

●単位はcm

寸法図

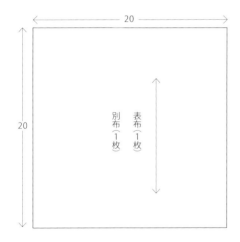

作り方

1　布に刺しゅうをする。

2　表布と別布を裁断する。

3　中表に合わせて周囲をぐるりと縫う。返し口のみ粗ミシン。

4　縫い代に切り込みを入れ、表布側にアイロンで折る。

5　返し口の粗ミシンをほどき、表に返す。

6　化繊綿を詰めて、返し口をまつる。

7　リボンブレードを周囲にまつりつけ、リボンを縫い付ける。

3

4

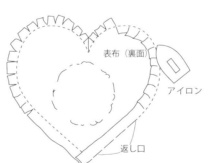

5

7

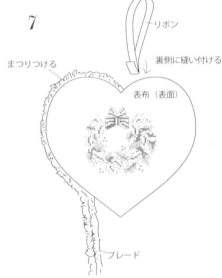

完成

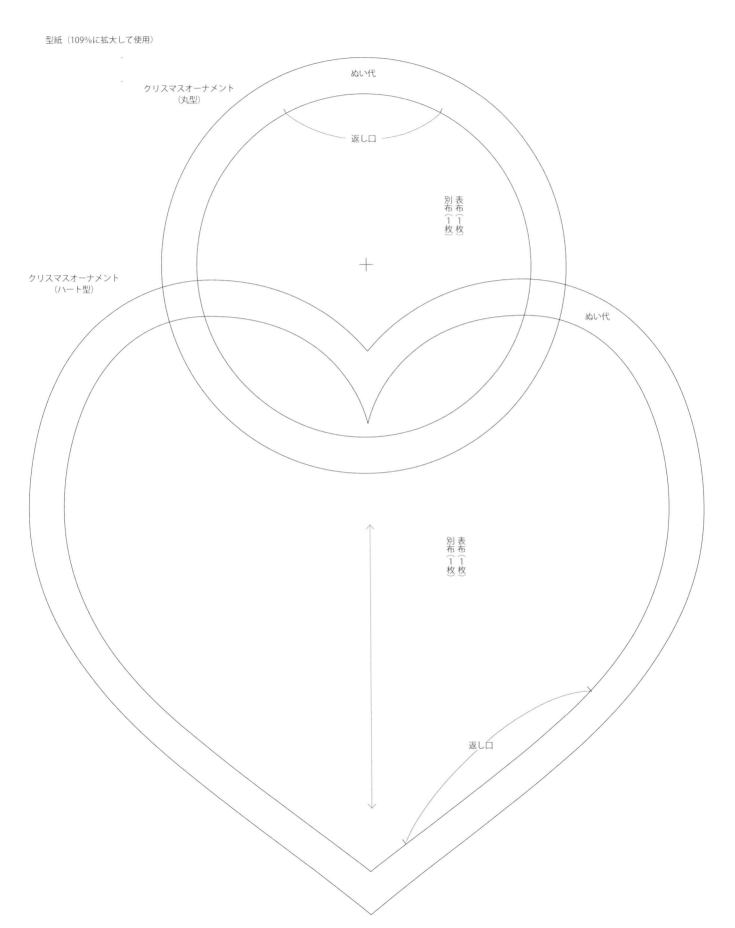

型紙（109%に拡大して使用）

クリスマスオーナメント
（丸型）

ぬい代

返し口

別布（1枚）　表布（1枚）

クリスマスオーナメント
（ハート型）

ぬい代

別布（1枚）　表布（1枚）

返し口

Chaussette de Noël

クリスマスブーツ・・・Photo P.40-41 Chart P.74

材料

●表布：リネン刺しゅう布
（アイボリー／DMC3865、11目／cm）：45×22cm
●DMC25番刺しゅう糸：801、435、437、739、815、
349、351、3348、989、987、
3345、Blanc、168、169、535
●裏布：白のコットン生地　45×22cm
●別布A：赤の厚手コットン生地　65×60cm
●別布B：白のフェイクファー　45×10cm

●出来上がりサイズ
30×55cm

●刺しゅうのサイズ
約20.4×18.5cm

●単位はcm

寸法図

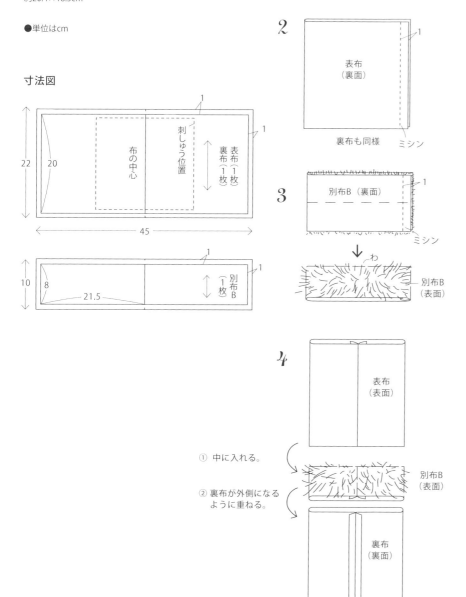

作り方

1 表布の中心に刺しゅうをする。

2 表布を中表に半分に折り。脇を縫ってわにし、縫い代を割る。裏布も同様にする。

3 別布Bを中表に半分に折り、脇を縫ってわにし、縫い代を割る。表に返して縦を半分に折る。

4 表に返した表布と別布B、裏布を重ねる。

5 底辺を1周ミシンをかける。

6 表に返し、口の部分をしつけでとめる。

7 口の部分を内側に折り込む。

8 靴下の型紙（P.118）を200%に拡大する。1cmの縫い代をつけて別布Aで2枚裁断する。

9 中表に合わせ、口部分を残して靴下の周りを縫う。

10 表に返して、口の部分を外側に折る。

11 靴下部分に7をはめ込み、口の部分をまつる。

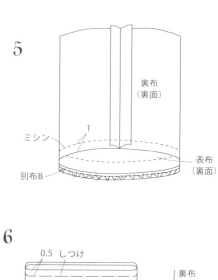

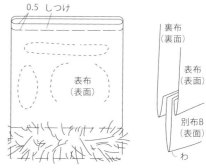

116

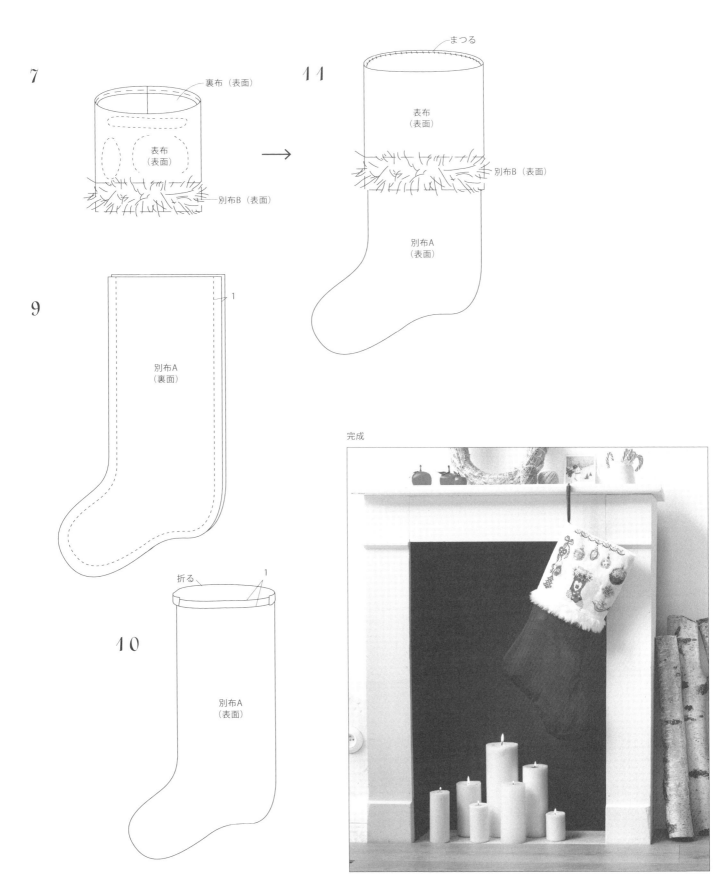

7
裏布（表面）
表布
（表面）
別布B（表面）

→

11
まつる
表布
（表面）
別布B（表面）
別布A
（表面）

9
1
別布A
（裏面）

10
折る
1
別布A
（表面）

完成

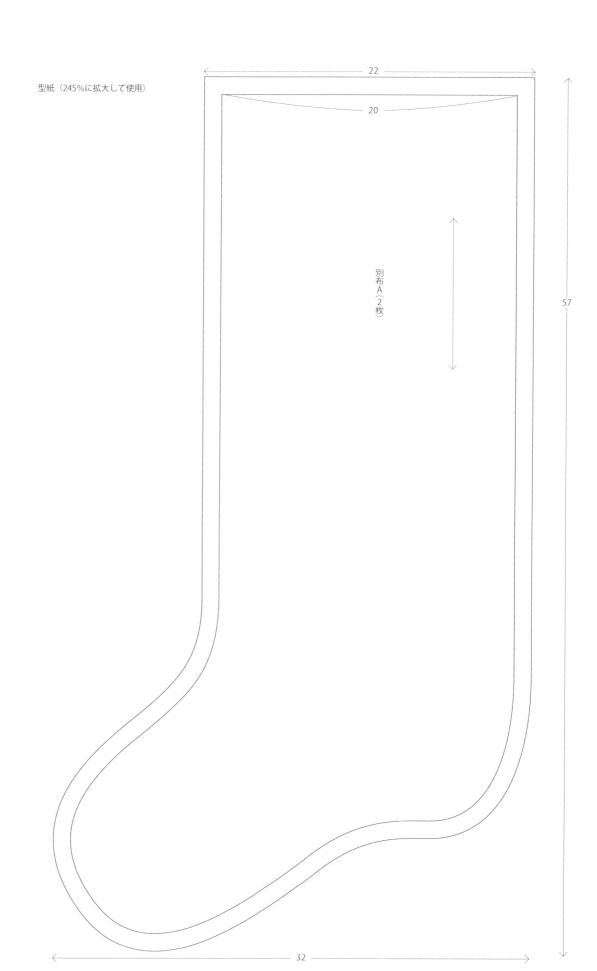

型紙（245％に拡大して使用）

22

20

別布A（2枚）

57

32

アドベントカレンダー用サシェ・・・Photo P.50-51 Chart P.62-77に掲載されています。

材料

- 表布：リネン刺しゅう布
（アイボリー／DMC3865、11目／cm）：24×24cm
- DMC25番刺しゅう糸：各チャートを参照
- 赤のコットンパール糸：5番

- 出来上がりサイズ
約8×9cm

- 刺しゅうのサイズ
最大 約5.8×7.5cm

- 単位はcm

作り方

1 表布の中心に刺しゅうをする。周囲をロックミシンでかがる。

2 袋口から2.8cmが折り山になるようにアイロンをかけ、折り目を付けておく。

3 中表に合わせて脇にミシンをかける。縫い代をアイロンで割る。

4 縫い目が後ろ中心になるように折り、底の部分にミシンをかける。

5 底の部分にマチを作る。脇の線と底の線が重なるように折って、端から1cmの部分を2cm縫う。

6 表に返して袋口を折り形を整える。（袋口は縫わずに折るだけ）

7 コットンパールで吊すためのループをつける。

寸法図

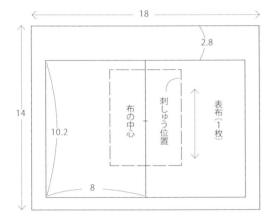

18
2.8
14
10.2
布の中心
刺しゅう位置
表布（1枚）
8

1
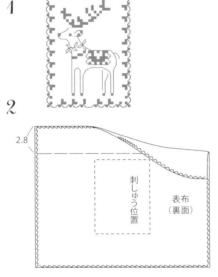

2
2.8
刺しゅう位置
表布（裏面）

3
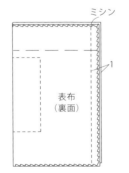
ミシン
1
表布（裏面）

4
表布（裏面）
ミシン
1

5
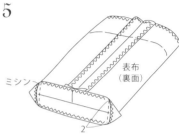
ミシン
表布（裏面）
2

6

刺しゅう位置
表布（表面）

7
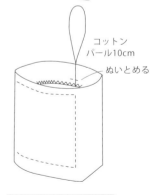
コットンパール10cm
ぬいとめる

完成

フランスのノエルでときめくクロスステッチ
—— 250点のモチーフがかわいい魅惑の世界 ——

2017年 9月25日	初版第1刷発行
2017年12月25日	初版第2刷発行
2021年 7月25日	初版第3刷発行
2023年11月25日	初版第4刷発行

著者 　　　ヴェロニク・アンジャンジェ（Véronique Enginger）
発行者 　　西川 正伸
発行所 　　株式会社グラフィック社
　　　　　　〒102-0073 東京都千代田区九段北1-14-17
　　　　　　Phone: 03-3263-4318　Fax: 03-3263-5297
　　　　　　http://www.graphicsha.co.jp
　　　　　　振替00130-6-114345

印刷製本 　図書印刷株式会社

ISBN978-4-7661-3026-3 C2077

Japanese text and instruction page 112-119 © 2017 Graphic-sha Publishing Co., Ltd.

Printed and bound in Japan

和文版制作スタッフ

翻訳・執筆	柴田里芽
作り方ページ制作・チャート校閲	安田由美子
組版・トレース	石岡真一
カバーデザイン	北谷千顕、今村クマ（CRK DESIGN）
編集・制作進行	坂本久美子

材料に関するお問い合わせはこちらへ

ディー・エム・シー株式会社
〒101-0035 東京都千代田区神田紺屋町13番地　山東ビル7F
TEL: 03-5296-7831　FAX: 03-5296-7833
グローバルサイト www.dmc.com

本書に掲載されているクロスステッチの作品写真は、フランス語版原著に基づいています。
一部、チャートと違っている場合もございます。作品写真は、イメージとしてお楽しみください。

本書の82～108ページのチャートは、下記の書籍からの抜粋です。
Esprit scandinave © 2014 Éditions Mango／Folklore russe © 2014 Éditions Mango／
Souvenirs de montagne © Éditions Mango

本書では「ハーフクロスステッチ」を「ハーフステッチ」と表記しています。